Pl. 29
CERCLES
DE
WESTPHALIE,
HAUT ET BAS RHIN;
Divisés
en toutes leurs Principautés
et Provinces,
tant Séculières
qu'Ecclésiastiques.
A PARIS,
Chez le Sr. Desnos, Ingr. Géogr. pour
les Globes et Sphères, rüe Saint
Jacques au Globe.
1766.
Remarque.
Les Villes libres et Impériales
sont distinguées par ce Signe
MER DU NORD
PROVINCES UNIES
FRISE
OVER-ISSEL
ZUIDER-ZÉE
PAYS-BAS
BRABANT
HAYNAUT
LES ARDENNES
AUTRICHIENS
BRUXELLES
Namur
Valenciennes
Dinant
Bouillon
Sedan
Luxembourg
Bos-le Duc
Nimegue
Deventer
Zutphen
Lewarde
Groningue
Embden
Aurick
Norden
OOST-FRISE
Oldenbourg
Brême
Stade
ETATS
HANOVRE
Brunswick
Hildesheim
Wolfenbutel
Zell
BRUNSWICK
HAUTE SAXE
THURINGE
Göttingen
Eichsfeld
Erfort
Eisenach
Hirschfeld
HENNEBERG
Fulde
Cassel
Corbach
Marpurg
Alsfeld
Treysa
Giessen
Nidda
Hanau
Francfort
Darmstat
MAYENCE
Wirtzbourg
Wertheim
BAS EVÉ DE MUNSTER
HAUT EVÉ DE MUNSTER
Munster
Coesfeld
Dulmen
Stromberg
Osnabrug
Bentheim
Rhene
Minden
Herworden
Bielefeld
Paderborn
Lippe R.
Ham
Dortmund
Arensberg
Balve
DUCHÉ DE WESTPHALIE
Cleves
Wesel
Emmerick
Gueldre
Duren
Juliers
Aix la Chapelle
Mastricht
Cologne
Bonn
Limbourg
Spa
Stablo
Tongres
Liege
Prum
Treves
Simmeren
Bingen
Rhinfels
Coblentz
Weilbourg
Nassau
NASSAU
Wetzlar
Cobourg
Weser F.
Rhin F.
Meuse F.
Mein R.

Uli Auffermann

WUNDERSCHÖNES MÜNSTERLAND

»Ich bin ein Westfale, und zwar ein Stockwestfale,
nämlich ein Münsterländer – Gott sei Dank! füge ich hinzu ...«

Annette von Droste-Hülshoff, deutsche Dichterin (1797–1848)

BRUCKMANN

In Legden

At Ledgen/À Legden

◀ **Haus Egelborg** bei Legden ist sicher über 600 Jahre alt. Erhalten sind neben anderen Gebäude im Stil der niederländischen Renaissance und der Neugotik.

Haus Egelborg near Legden is over 600 years old. The architectural styles preserved on the estate include Dutch Renaissance and New Gothic.

La maison Egelborg près de Legden a certainement 600 ans. Les bâtiments ont été entre autres conservés dans le style Renaissance néerlandais et néogothique.

◀◀ **Das ehemals fürstbischöfliche Schloss Münster**, ein Spät- und Meisterwerk des Barockbaumeisters Johann Conrad Schlaun, wurde 1945 durch Bomben zerstört und nach alten Plänen neu errichtet.

The former Prince-Bishops' Castle of Münster, a late masterpiece by the Baroque architect Johann Conrad Schlaun, was destroyed by bombing in 1945 and reconstructed to historical plans.

L'ancien château du prince-évêque de Münster est un chef-d'œuvre tardif du maître d'œuvre westphalien du Baroque Johann Conrad Schlaun. Il fut déstruit par les bombes en 1945 puis reconstruit d'après d'anciens plans.

Inhalt

◁ **DER DORTMUND-EMS-KANAL** kreuzt bei Münster-Gelmer die Ems – zu erkennen sind die alte und die neue Brücke.

The Dortmund-Ems Canal crosses the River Ems at Münster-Gelmer. You see at the old and new bridges.

Le Canal Dortmund-Ems croise l'Ems au niveau de Münster-Gelmer (on peut reconnaître l'ancien et le nouveau pont).

Land der Burgen und Schlösser

Region of Castles and Palaces / Région des châteaux et des forteresses

Das Münsterland spricht alle Sinne an, auch wenn sich seine Reize manchmal erst auf den zweiten Blick offenbaren. Als überdimensionalen, wunderschön gestalteten Park mag man diese Region empfinden, geschaffen, dass sich der Mensch darin wohlfühle. Geographisch begrenzt wird diese Parklandschaft von der Flussniederung der Lippe im Süden, vom Niederrhein und der holländischen Grenze im Westen sowie vom Bentheimer Höhenrücken und dem Teutoburger Wald im Norden und Nordosten, während der östliche Grenzverlauf ungefähr einer Linie von Dissen über Wiedenbrück bis Liesborn folgt. Im Münsterland dominieren die von Menschen gestalteten Naturräume, welche von intensiver landwirtschaftlicher Nutzung geprägt sind. Das Landschaftsbild vereint sich mit der bäuerlichen Kultur zu einer eindrucksvollen Symbiose. Wiesen, Weiden und Äcker, kleine Waldzungen, Wallhecken und Baumreihen ergeben ein überaus abwechslungsreiches Ganzes.

◀ **Malerisches Heimathues** Kittken in Altenberge.

Picturesque Heimathues Kittken in Altenberge.

La pittoresque Heimathues Kittken à Altenberge.

Münsterland is a fascinating revelation for all the senses. A region that gives the impression of a gorgeous giant park designed solely for pleasure. This parkland is bordered to the south by the plains of the River Lippe, to the west by the Lower Rhine and the Dutch border, and to the north and north-east by the ridge of Bentheimer Höhenrücken and Teutoburg Forest; its eastern boundary roughly traces a line from Dissen to Wiedenbrück and Liesborn. Münsterland's countryside predominantly owes its appearance to intensive farming; the scenery blends with the farming culture practised there, forming an impressive symbiosis. Meadows, pastureland and plowed fields, small fingers of copse, tall hedges and rows of trees create a landscape of rich diversity. Farmyards as imposing as fortresses, picturesque villages and ancient churches – this is the heart of a region of unpretentious, homely culture, the place where the very soul of Westphalia resides.

History is ever-present in Münsterland; over 150 moated castles, palaces and manors, as well as major churches and cathedrals, bear witness to past ages. Johann Conrad Schlaun (1695–1773), probably north-west Germany's most important

Le Münsterland – une révélation pour tous les sens à elle seule. À l'instar d'un parc vaste et magnifique, cette région semble avoir été agencée et créée pour que l'homme s'y sente bien. Ce « parc paysager » est délimité géographiquement par le lit du fleuve Lippe au sud, par le Rhin inférieur et la frontière hollandaise à l'ouest ainsi que par le massif du Bentheimer Höhenrücken et la Forêt de Teutobourg au nord et au nord-est, tandis que sa frontière orientale suit une ligne comprise entre Dissen et Liesborn et passant par Wiedenbrück. Au Münsterland, les espaces naturels aménagés par la main de l'homme sont marqués par la prépondérance de l'exploitation agricole intensive. Le paysage s'unit à la culture rurale créant une symbiose époustouflante. Une succession de prés, de pâturages et de champs, de petites parcelles de forêt, de buttes et de haies et des rangées de d'arbres produisent l'effet d'un ensemble extrêmement varié. Des fermes aussi grandes que des places fortes militaires, des villages pittoresques et de vieilles églises – on est au cœur d'une culture authentique et terre à terre ! Ici, on découvre l'âme de la Westphalie.

Au Münsterland, l'histoire a laissé ses traces partout. Plus de 150 Wasserburgen (châteaux

Bauernhöfe, groß wie Wehranlagen, malerische Dörfer und alte Kirchen – man ist mittendrin in einem Stück bodenständiger Kultur. Hier kann man die Seele Westfalens erleben.

Überall im Münsterland ist Geschichte spürbar. Über 150 Wasserburgen, Schlösser und Herrensitze, aber auch Kirchenbauten von Rang sind Zeugnisse vergangener Epochen. Der wohl bedeutendste Barockbaumeister in Nordwestdeutschland, Johann Conrad Schlaun (1695–1773), durfte sich der Förderung durch den Fürstbischof von Münster, Klemens August, erfreuen, erhielt zahlreiche Aufträge von Adel und Kirche und konnte so mit dem von ihm entwickelten »westfälischen Barock« das Münsterland nachhaltig prägen. Zu seinen wichtigsten Bauwerken zählen Schloss Münster, der Erbdrostenhof und die Clemenskirche in Münster, das Rüschhaus, Schloss Ahaus und Schloss Itlingen, die Orangerie auf Schloss Velen und der barocke Ortskern von Nottuln.

Der Sandstein der Baumberge, der »Marmor des Münsterlandes«, war und ist ein begehrtes Baumaterial, wie man auch im Sandsteinmuseum in Havixbeck erfährt. Warendorf ist die Metropole des Pferdesports mit dem Landgestüt Nordrhein-

Baroque architect, worked under the patronage of the Prince-Bishop of Münster, Klemens August and was showered with commissions from the aristocracy and the Church, thus permanently shaping the face of Münsterland with his Westphalian Baroque style. His most important works include Münster Palace, Erbdrostenhof, St. Clemens' Church in Münster, Rüschhaus, Ahaus Castle and Itlingen Castle, the Orangery at Velen Castle and the Baroque town center of Nottuln.

The sandstone found in the Baumberg Mountains, known as 'Münsterland marble,' is still a popular building material, as demonstrated at the Sandstone Museum at Havixbeck. Warendorf is a mecca for equestrian sports, with the North Rhine-Westphalia Stud Farm and Warendorf Horse Parade. The Merfelder Bruch in the Hohe Mark nature park is home to the wild horse breeding reserve of the Dukes of Croy, probably unique throughout Europe. Tecklenburger Land on the ridge of Teutoburg Forest is known as 'Münsterland's balcony.' The landscape to the left and right of the River Ems as far as Rheine, or along the Rivers Lippe and Stever. Steinfurter Land to the north-west, home to Bentheim Castle, the only mountain castle in the Münsterland region. And of course

forts construits sur des îles et entourés d'eau), de châteaux et de demeures seigneuriales mais aussi des édifices religieux de rang constituent les marques d'époques révolues depuis bien longtemps. Johann Conrad Schlaun (1695–1773), qui est indéniablement le plus important architecte baroque du Nord de l'Allemagne de l'Ouest, eut la chance d'être encouragé par le prince-évêque de Münster, Klemens August et d'obtenir ainsi de nombreuses commandes de la noblesse et de l'église. Il put ainsi marquer sensiblement et durablement de son empreinte le paysage du Münsterland en y introduisant le «baroque westphalien» dont il est l'initiateur. Le château de Münster, le palais Erbdrostenhof et l'église de Saint-Clément à Münster, le château résidentiel Haus Rüschhaus, le château d'Ahaus et le château d'Itlingen, l'Orangerie du château de Velen et le cœur baroque de la commune de Nottuln comptent parmi ses œuvres les plus importantes.

Les pierres de grès des monts Baumberge, « le marbre du Münsterland » étaient et sont aujourd'hui encore un matériau de construction très recherché, comme on nous l'apprend le Musée des pierres de grès à Havixbeck. Warendorf est la métropole du sport équestre avec

Westfalen und der Warendorfer Hengstparade. Im Merfelder Bruch im Naturpark Hohe Mark leben die in Europa wohl einzigartige Dülmener Wildpferde unter der Obhut des Herzogs von Croy. Sehenswert sind das Tecklenburger Land am Kamm des Teutoburger Waldes, der »Balkon des Münsterlandes«, die Landschaften rechts und links der Ems bis hinauf nach Rheine oder entlang von Lippe und Stever sowie das Steinfurter Land im Nordwesten, das mit Burg Bentheim die einzige Höhenburg des Münsterlandes besitzt. Und dann ist da natürlich Münster, die namengebende Stadt. Lebendige Universitätsstadt und doch fest verwurzelt in ihrer Geschichte. Der Dom und die Altstadt, der Aasee und der Allwetterzoo, die vielen gemütlichen Kneipen, Cafés und Restaurants ... Kehrt man dann zurück aufs Land, zu den einsamen Heidelandschaften und stillen Moorgebieten, wird spürbar, was einst Annette von Droste-Hülshoff zu ihren Gedichten inspirierte.

Münster itself, heart and soul at one with the region. A vibrant university city, yet firmly rooted in history. The Cathedral and historical center, Aasee lake and the Zoo, hosts of cozy bars, cafés and restaurants – with so much to see and do, it's impossible to list everything. During Advent, Münsterland develops its own special charm with five festive Christmas markets. To return from

▷ **Idyllische Radwege** durchziehen das Münsterland.

Idyllic cycle paths criss-cross the region.

D'idylliques pistes cyclables traversent le Münster-'and.

the bustling towns to the tranquil countryside, its solitary heaths and peaceful moors, is to experience the atmosphere that inspired 19th-century poet Annette von Droste-Hülshoff to produce her finest works.

le Haras du Land de Rhénanie-du-Nord-Westphalie et la parade des étalons de Warendorf. La « faille de Merfeld » (Merfelder Bruch) dans le parc de la réserve naturelle d'Hohe Marke abrite l'unique haras de chevaux sauvages du continent européen des ducs de Croy. Ensuite le pays de Tecklenburg au pied de la forêt de Teutobourg est appelé le « le balcon du Münsterland». Puis viennent les paysages à droite et à gauche de l'Ems jusqu'en amont vers Rheine ou le long du fleuve Lippe et de la Stever. Au nord-ouest, le pays de Steinfurt possède avec le château de Bentheim la seule place forte en altitude du Münsterland. Oui et bien entendu Münster, la ville qui donna son nom à cette région, dont elle est le cœur et l'âme-même. Métropole universitaire dynamique, elle est tout de même fermement ancrée dans son histoire. La cathédrale et la vieille ville, le Lac d'Aa et son zoo visitable par tous temps, ses nombreux bars, cafés et restaurants – on ne peut tout énumérer. Et si l'on reprend ensuite le chemin de la campagne, on y découvre les espaces naturels authentiques de paysages de landes isolés et des terres de marais tranquilles ; on comprend alors ce qui a touché et inspiré autrefois Annette von Droste-Hülshoff, la poétesse du Münsterland.

Von großen Parks und kleinen Gärten

Great Parks – Cozy Gardens / Des grands parcs aux petits jardins

◀ **Schloss Ahaus** wurde nach dem Siebenjährigen Krieg vom Barockbaumeister Johann Conrad Schlaun neu errichtet und liegt inmitten von uraltem Baumbestand in einem frei zugänglichen Park. Es beherbergt heute unter anderem die Technische Akademie.

Ahaus Castle was rebuilt by the great Baroque architect Johann Conrad Schlaun after the Seven Years' War. Standing in a public park amid ancient trees, it houses institutions including the Technical Academy.

Le château d'Ahaus fut reconstruit après la Guerre de Sept Ans par le maître d'œuvre westphalien baroque Johann Conrad Schlaun et se dresse sur un site fantastique au beau milieu d'un parc peuplé d'arbres très anciens ouvert au public. Aujourd'hui, il héberge entre autres l'académie technique.

▶ **Liebevoll angelegte Bauerngärten** sind ganz typisch für das Münsterland und erfreuen überall das Auge.

Lovingly tended cottage gardens are characteristic of the Münsterland region.

Les jardins de campagne aménagés avec soin sont tout à fait typiques du Münsterland et ils sont agréables au regard.

Auf dem Bentheimer Berg

On Bentheimer Berg / Sur la montagne de Bentheim

◀ **Der historische Schlosspark** von Burg Bentheim bietet Ruhe und Entspannung. Rekonstruiert nach Plänen aus dem frühen 18. Jahrhundert, steht er inzwischen unter Denkmalschutz.

The historical gardens of Bentheim Castle offer peace and tranquillity. Rebuilt to early 18th-century plans, they are now a conservation area.

L'ancien parc historique du château de Burg Bentheim offre des moments de quiétude et de détente. Reconstruit d'après des plans du début du 18e siècle, il est depuis placé sous la protection des monuments historiques.

▶ **Als einzige Höhenburg** des Münsterlandes erstreckt sich der mächtige Sandsteinbau von Burg Bentheim mit dem uralten Bergfried auf dem Bentheimer Höhenrücken.

The only mountain castle in Münsterland, the mighty sandstone fortress of Bentheim Castle with its ancient keep perches on the Bentheimer Höhenrücken ridge.

Seule forteresse haute du Münsterland, la puissante construction en pierres de grès du château fort de Bentheim se dresse avec son très ancien donjon tel un promontoire au-dessus du Bentheimer Höhenrücken.

Von der Höhe schweift der Blick

Views From On High / Notre regard vagabonde sur les hauteurs

◀ **Schloss Iburg**, einst auf einer freistehenden Anhöhe errichtet, hat eine wechselvolle Vergangenheit. Besonderes Schmuckstück ist der Rittersaal aus dem 17. Jahrhundert.

Bad Iburg Castle, built on an isolated hill, has a turbulent past. The 17th-century Knights' Hall is especially beautiful.

Le château Iburg, qui fut érigé jadis sur une colline déserte, a un passé tumultueux. La salle des chevaliers du 17e siècle est un joyau particulièrement remarquable.

▶ **Der Longinusturm bei Nottuln** steht auf der höchsten Kuppe der Baumberge. Vom Westerberg (186 m) bietet er neben herrlicher Aussicht auch das höchste Café im Umkreis.

Longinusturm Tower near Nottuln stands on the highest peak of the Baumberge hills. It offers magnificent views from Westerberg (186 m) – and the highest café in the region.

La Tour de Longinus à Nottuln se dresse au sommet des Baumberge : le Westerberg (186 m). Un belvédère, du haut duquel on peut embrasser du regard l'ensemble du paysage des environs, mais qui abrite aussi le plus haut café de la région.

PRINTED MATTER

»Ludgeristadt« – Perle der Baumberge

'Ludgeristadt' – Pearl of the Baumberge Hills

La Ville de Saint-Liudger « Ludgeristadt», la perle des Baumberge

◀ ▶ **Billerbeck** ist ein bedeutender Wallfahrtsort. Der bekannteste Heilige des Münsterlandes, Ludger, soll hier 809 gestorben sein. Die beiden Türme des »Ludgerusdoms«, die Johannis-Kirche von 1234, und die Kolvenburg (15./16. Jh.) mit ihrem markanten Krüppelwalmdach (links), heute Kulturzentrum, prägen das Erscheinungsbild des hübschen Ortes.

Billerbeck is a famous pilgrimage destination where Ludger, Münsterland's most famous saint, is said to have died in 809. The pretty village is dominated by the twin towers of 'Ludger's Cathedral,' St. John's Church from 1234 and the 15th-16th century Kolvenburg manor-house with its striking half-hipped roof (left), today a cultural center.

Billerbeck est un lieu de pèlerinage important. Le saint le plus connu du Münsterland, Liudger serait mort ici en l'an 809. Les deux tours de la cathédrale de Saint-Liudger, l'église Saint-Jean de 1234 et le château fort de Kolvenburg (15e/16e siècles) avec sa proéminente toiture à demi croupe (à gauche), aujourd'hui centre culturel, marquent l'apparence de cette jolie localité.

Von Relikten aus alter Zeit und bewahrten Traditionen

Ancient Relics, Preserved Traditions / Les vestiges de temps anciens et les traditions conservées

◀ ▶ KIEPENKERLE hießen die fahrenden Händler nach ihrer »Kiepe«, der Rückentrage aus Holz und Korb. In ihrer typischen Tracht gehören sie heute zum Brauchtum und sind eines der Symbole von Münster. Zu Fuß ziehen sie durch Wald und Felder.

Kiepenkerle was the name given to traveling salesmen, from their 'Kiepe' or wood and basketwork panniers. In traditional costume, they are remnants of an ancient tradition and an emblem of Münster.

Les types à la hotte, c'est ainsi qu'on appelait les marchands itinérants portant sur le dos une « hotte », un grand panier dorsal en bois. Avec leurs costumes typiques, ils font aujourd'hui partie de la tradition et ils sont devenus l'un des symboles de Münster.

Zwischen Havixbeck und Münster

From Havixbeck to Münster / Entre Havixbeck et Münster

◀ ▶ **Burg Hülshoff** zählt zu den malerischsten Wasserburgen Westfalens. 1797 wurde dort die Dichterin Annette von Droste-Hülshoff geboren. Das Droste-Museum im Erdgeschoss vermittelt Einsichten in die Lebensart des Landadels vergangener Tage. Weitläufige historische Parkanlagen umgeben das aus Baumberger Sandstein errichtete Herrenhaus.

Hülshoff Castle is among Westphalia's most beautiful moated castles, and the birthplace of poetess Annette von Droste-Hülshoff in 1797. The ground floor houses the Droste Museum, giving insights into the life of the aristocracy in days gone by. Extensive historical parklands surround the manor, built of Baumberg sandstone.

Le château résidentiel d'Hülshoff fait partie des châteaux d'eau les plus pittoresques de Westphalie. La poétesse Annette von Droste-Hülshoff y vit le jour en 1797. Le musée von Droste au rez-de-chaussée donne un aperçu du mode de vie de la noblesse du pays d'autrefois. De vastes parcs historiques entourent la demeure seigneuriale construite en pierres de grès des Baumberge.

Von Burgen und Herrensitzen

Castles and Manors / Des forteresses et des demeures seigneuriales

◀ DAS HERRENHAUS VON BURG HÜLSHOFF, erbaut 1540–45, weist für das Münsterland typische Stilelemente wie den hohen Giebel mit Seitenstaffeln und Firstschornsteinen auf.

Hülshoff Castle manor, built from 1540–45, has typical features of the Münsterland region such as the high gable with stepped sides and chimneys along the roof ridge

La maison seigneuriale du château d'Hülshoff, construite en 1540–45, présente des éléments de style typiques du Münsterland comme le pignon haut avec des traverses adjacentes et des cheminées à crête.

▶ HAUS ALST, eine kleine Renaissance-Wasserburg bei Horstmar von 1624, wirkt interessant durch ihr Mauerwerk aus Ziegel- und Hausteinschichten.

Haus Alst, a small Renaissance moated castle near Horstmar, dates from 1624 and features interesting layered brick and stone masonry.

La Haus Alst, un petit château d'eau de style Renaissance situé à Horstmar et datant de 1624. Elle a une apparence intéressante avec ses murs constitués de couches de pierres de taille et de briques.

Am Teutoburger Wald

Teutoburg Forest / Dans la forêt de Teutobourg

◀ **Die Dörenther Klippen bei Ibbenbüren** brechen aus dem bewaldeten Kamm des Teutoburger Waldes hervor, sind oft herrliche Aussichtspunkte und werden auch von Klettersportlern genutzt.

The Dörenther Cliffs at Ibbenbüren rear out of the wooded crest of Teutoburg Forest, a favorite spot for climbers offering magnificent views.

Les falaises de Dörenth à Ibbenbüren émergent de la crête boisée de la forêt de Teutobourg. Elles offrent souvent des points de vue magnifiques et sont souvent utilisées par les amateurs d'escalade.

▶ **Brochterbeck** heißt das idyllische Örtchen bei Tecklenburg zu Füßen des Teutoburger Waldes, das sich zu den schönsten Dörfern im Kreis Steinfurt zählen darf.

Brochterbeck is an idyllic village near Tecklenburg at the foot of Teutoburg Forest – among the most beautiful villages in the Steinfurt region.

Brochterbeck, c'est ainsi qu'on nomme la charmante localité située près de Tecklenburg au pied de la forêt de Teutobourg ; elle peut s'enorgueillir de faire partie des plus beaux villages des environs de Steinfurt.

1893

Rund um Ochtrup

The Ochtrup Region / Aux alentours d'Ochtrup

◀ **Der »Beltmannbau«** von 1893 diente dem Textilunternehmen van Delden als Verwaltungssitz und steht inzwischen unter Denkmalschutz. Im Rahmen des »Euregio Outlet Centers Ochtrup« (eoc) wurde das sehenswerte Gebäude aufwendig saniert.

Dating from 1893, the 'Beltmannbau' was once the administrative headquarters of textile company van Delden. Now heritage-protected, the attractive building is undergoing comprehensive restoration as part of the 'Euregio Outlet Center Ochtrup' (eoc).

Le « Beltmannbau » de 1893 servait de siège administratif à l'entreprise de textile van Delden et est depuis placé sous la protection des monuments historiques. Ce bâtiment qui mérite d'être vu, fut restauré à grands frais dans le cadre du « Euregio Outlet Ochtrup » (eoc).

▶ **»Ochtruper Nachtigall«** nennt man diese historische Gefäßflöte; zu sehen ist sie im Töpfereimuseum von Ochtrup und in »Übergröße« im Ortszentrum.

This historical pottery flute, the 'Ochtrup Nightingale,' can be seen in Ochtrup Pottery Museum - and in 'kingsize' in the centre of Ochtrup.

Le « rossignol d'Ochtrup », c'est ainsi qu'on nomme cette flûte en terre cuite historique, que l'on peut voir dans le musée de la poterie à Ochtrup.

An der Salzstraße in Rheine

The Salt Road at Rheine / La route du sel à Rheine

◀ **Rheine**, mit rund 78 000 Einwohnern zweitgrößte Stadt des Münsterlands, liegt idyllisch an der Ems.

Rheine, Münsterland's second largest city with around 78,000 inhabitants, is idyllically located on the Ems.

Rheine, deuxième plus grande ville du Münsterland avec ses quelques 78 000 habitants, repose sur les berges idylliques de l'Ems.

◀ **Das Gradierwerk** der Saline »Gottesgabe« entstand im 18. Jahrhundert, um den steigenden Salzbedarf zu decken.

The graduation tower of the 'Gottesgabe' salt works was built in the 18th century to meet increasing demand for the commodity.

Le bâtiment de graduation de la saline appelée « don de Dieu » fut construit au 18e siècle pour couvrir les croissants besoins en sel.

▶ **Der Falkenhof**, heute Museum, gilt als Ursprung von Rheine. Erbaut wurde er im 8. Jahrhundert zur Sicherung der Emsfurt.

The Falkenhof, today a museum, is regarded as the original nucleus of the town of Rheine and was built in the 8th century to defend the river ford.

Construite au 8e siède, la Falkenhof, aujourd'hui un musée, est considérée comme le berceau de Rheine.

Historisches Rheine

Historical Rheine / Le cœur historique de Rheine

◀ **Die Stadt Rheine** empfiehlt sich mit einer sehenswerten historischen Altstadt. Dazu gehört auch die eindrucksvolle Alte Mühle am Ems-Wehr.

The town of Rheine is well worth a visit, with an attractive historical center including the impressive Old Mill on the Ems weir.

La vieille ville de Rheine avec son fameux centre historique mérite d'être vue. L'imposant vieux moulin fait aussi partie de la digue de l'Ems.

▶ **Im Kloster Bentlage**, gegründet 1437, kann man die reiche Historie des ehemaligen Kreuzherrenbaus erkunden. 1978 übernahm es die Stadt Rheine und machte es zu einem bedeutenden Kulturzentrum.

Bentlage Monastery, founded in 1437 and formerly a castle of the Knights of the Cross, today houses a cultural center founded in 1978.

Au cloître de Bentlage, fondé en 1437, on peut découvrir la riche histoire de l'ancien cloître des Croisiers. En 1978, la ville de Rheine se le réappropriât et en fit un centre culturel important.

In Burgsteinfurt

At Burgsteinfurt / Au château de Steinfurt

◀ ▶ SCHLOSS STEINFURT wurde als Burganlage auf künstlich angelegten Hügeln erbaut und mit Wassergräben, sogenannten Gräften, umgeben. Das gelbe Fachwerkhaus mit grauem Rundturm steht als Torhaus an der Brücke zur ersten Insel. Unweit des Schlosses entstand im 18. Jahrhundert der weitläufige Bagno-Park, in dessen Mittelpunkt der Bagno-See die Besucher anzieht.

Steinfurt Castle was built as a fortress on a range of artificial hills and surrounded by moats. The yellow half-timbered building with round tower is a gatehouse on the bridge to the first island. Nearby, the extensive 18th-century gardens of Bagno Park with Bagno Lake at its center are an attraction for visitors.

Tel une forteresse, le château de Steinfurt fut érigé sur une colline artificielle et fut entouré de douves, appelées « Gräften ». La maison à colombage jaune avec une tour circulaire grise tient lieu de porte au niveau du pont menant à la première île. Non loin du château, le vaste parc du Bagno et le lac de Bagno au centre (à droite) est un parc d'attractions prestigieux apparu au 18e siècle.

Rund um Ennigerloh

The Ennigerloh Region / Aux alentours d'Ennigerloh

◀ **Schloss Vornholz**, einst Sitz der Ritter von Ostenfelde, gehört seit 300 Jahren den Freiherrn von Nagel-Doornick. Das heutige Schloss von 1666 beherbergt ein bedeutendes Kavallerie-Museum.

Vornholz Castle, once the seat of the Knights of Ostenfelde, has been owned by the aristocratic von Nagel-Doornick family for 300 years. The castle, dating from 1666, today houses an important cavalry museum.

Le château de Vornholz, autrefois siège des chevaliers d'Ostenfelde, est la propriété du baron de Nagel-Doornick depuis 300 ans. Le château actuel de 1666 abrite un remarquable musée de la cavalerie.

▶ **Haus Dieck in Westkirchen** mit seinem Herrenhaus von 1771 mit schönem Mansardendach zählt zu den Spätwerken Johann Conrad Schlauns.

Haus Dieck in Westkirchen, with its manor house from 1771 with attractive mansard roof, is a late work of Johann Conrad Schlaun.

La maison Haus Dieck de 1771 à Westkirchen, est une demeure seigneuriale dotée d'un magnifique toit en mansarde qui fait partie des œuvres tardives de Johann Conrad Schlaun.

In Lippetal

In the Lippetal / À Lippetal

▸ **Schloss Hovestadt** wurde im Mittelalter wegen seiner Lage am Lippeübergang wiederholt zerstört, doch immer wieder aufgebaut. Das Hauptschloss von 1572 verdankt sein Erscheinungsbild Laurenz von Brachum, die Vorburg entwarf Johann Conrad Schlaun 1733 – seit dieser Zeit ist das Schloss das Zuhause der Grafen von Plettenberg.

Hovestadt Castle was repeatedly destroyed and rebuilt in medieval times because of its strategic location on a crossing-point of the River Lippe. The main castle, dating from 1572, owes its existence to Laurenz von Brachum and the outer bailey was designed by Johann Conrad Schlaun in 1733; since that time, the castle has been home to the Counts of Plettenberg.

Le château Hovestadt fut maintes fois détruit au Moyen-Âge en raison de son emplacement stratégique au point de traversée de la rivière de la Lippe. Il fut toutefois reconstruit à chaque fois. Le château principal de 1572 doit son apparence extérieure à Laurenz von Brachum, le châtelet d'entrée (Vorburg) fut esquissé par Johann Conrad Schlaun en 1733 – depuis cette époque le château est la résidence des comtes von Plettenberg.

Sassenberg und Ostbevern

Sassenberg and Ostbevern / Sassenberg et Ostbevern

◀ **Schloss Harkotten** in Sassenberg-Füchtorf gehört zu den seltenen Doppelschlossanlagen. Schloss von Korff und Schloss von Ketteler (im Bild) präsentieren jeweils stattliche Herrenhäuser.

Harkotten Castle in Sassenberg-Füchtorf is a rare example of a double castle, with the two magnificent mansions of Korff Castle and Ketteler Castle (picture).

Le château Harkotten à Sassenberg-Füchtorf fait partie des rares parcs de château doubles. Les châteaux de Korff et de Ketteler (voir photo) disposent tous deux d'imposantes maisons seigneuriales.

▶ **Schloss Loburg** musste 1899 nach einem Brand neu errichtet werden. Die neobarocke Anlage in Ostbevern beherbergt seit 1951 ein Gymnasium mit Internat.

Loburg Castle was destroyed by fire in 1899 and rebuilt. The neo-Baroque estate in Ostbevern has housed a boarding-school since 1951.

Le château Loburg fut reconstruit suite à un incendie en 1899. Ce domaine, aménagé en style néobaroque et situé à Ostbevern, héberge depuis 1951 un lycée avec internat.

An den Ufern der Werse

On the Banks of the Werse / Sur les rives de la Werse

◀ ▶ **Die Werse** entspringt nahe der Stadt Beckum und mündet nördlich von Münster in die Ems. Meist zeigt sie sich still und romantisch wie bei Angelmodde (rechts). An ihrem Lauf entdeckt man die »Parklandschaft Münsterland« auf vielfältige Art. Radfahrer genießen den wunderschönen Werse-Radweg, Paddler nutzen den Fluss zu einer idyllischen Kanutour.

The Werse has its source near the town of Beckum and flows into the River Ems to the north of Münster. It has a tranquil, romantic mood – as here at Angelmodde (right). Visitors can follow its course to explore the rich diversity of Münsterland's 'parklands', with the beautiful Werse cycle route and idyllic opportunities for canoe trips.

La rivière de la Werse jaillit près de la ville de Beckum et débouche sur l'Ems au nord de Münster. La plupart du temps, c'est une rivière tranquille et romantique (à droite) comme à Angelmodde. Le long de son cours on peut découvrir sous différentes facettes le « parc paysager de Münsterland ». Les cyclistes jouissent de la magnifique piste cyclable de la Werse, les pagayeurs empruntent la rivière pour des excursions en canoë.

Block 12-17
Stehplätze

Stimmungsvolles Warendorf
Charming Warendorf / La poétique Warendorf

◀ **PFERDESTADT WARENDORF,** Zentrum von Pferdesport und Pferdezucht! Hier wird vom 1826 gegründeten Landgestüt alljährlich im September die bekannte Warendorfer Hengstparade abgehalten.

Warendorf is a town of horses, a center of equestrian sports and breeding. The state stud farm, founded in 1826, holds the annual Warendorf Horse Parade every September.

Warendorf, la ville du cheval, est un centre de sport équestre et d'élevage de chevaux par excellence ! Tous les ans en septembre, le Haras du Land fondé en 1826 y organise la célèbre parade des étalons.

▶ **ALTSTADTBUMMEL IN WARENDORF** – was kann schöner sein? Beeindruckende Baukunst aus sechs Jahrzehnten mit über 600 Bürgerhäusern bezaubert den Besucher!

A stroll through Warendorf's historical center – what could be finer? Six centuries of stunning architecture await visitors, with over 600 beautiful buildings.

Quoi de plus beau qu'une balade au cœur de la vieille ville de Warendorf ? Une architecture impressionnante qui trouve ses sources dans six décennies et plus de 600 maisons bourgeoises charment le visiteur !

Naturschutzgebiet Emsaue

Emsaue Nature Reserve / Dans la réserve naturelle d'Emsaue

▸ DIE FLUSSLANDSCHAFT DER EMS wurde in den vergangen Jahren an vielen Stellen aufwendig renaturiert; Altarme wurden wieder angebunden und zum Naturschutzgebiet erklärt wie hier bei Warendorf. Auf dem Emsauenweg, der zwischen Warendorf und Telgte besonders idyllisch ist, kann man diesen lieblichen Flusslauf per Fahrrad oder auch zu Fuß erkunden.

The scenic landscape of the River Ems has been lavishly restored at many points in recent years; backwaters have been reintegrated and their areas declared nature reserves, as here near Warendorf. The EmsAuenWeg is a hiking and cycle route between Warendorf and Telgte giving an ideal chance to explore this charming river.

À divers endroits, le paysage fluvial de l'Ems a été l'objet d'une renaturation onéreuse ces dernières années ; de vieux bras d'eau y ont été rattachés et déclarés réserve naturelle comme ici à Warendorf. Sur le chemin de l'Emsaue, qui est particulièrement idyllique entre Warendorf et Telgte, on peut découvrir à vélo ou aussi à pied ce charmant cours d'eau.

Ascheberg-Herbern

At Ascheberg-Herbern / À Ascheberg-Herbern

◀ ▶ **Schloss Westerwinkel**, eines der frühesten Barockwasserschlösser Westfalens, wurde Mitte des 17. Jahrhunderts erbaut. Die von einer Gräfte umschlossene Vierflügelanlage ist an jeder Ecke von einem mächtigen Turm begrenzt. Nur an den Wochenenden geöffnet ist das Museum. Besinnlichkeit bietet der nach englischen Vorbildern angelegte Schlosspark.

Westerwinkel Castle, one of Westphalia's earliest Baroque moated castles, was built in the mid-17th century. The four-wing building is surrounded by a moat and has a mighty tower at each corner. Its museum is open at weekends only. The castle grounds, laid out in the English style, invite contemplation.

Le château de Westerwinkel, un des premiers châteaux forts entourés d'eau de style baroque westphalien, fut construit au milieu du 17e siècle. Le bâtiment à quatre pans entouré d'une douve est limité à chaque angle par une puissante tour. Le musée est seulement ouvert les week-ends. Le parc du château aménagé sur le modèle des jardins paysagers anglais vous invite au recueillement.

Rund um Drensteinfurt

The Drensteinfurt Region / Aux alentours de Drensteinfurt

◀ ▶ **Haus Bisping (links) und Haus Borg,** zwei liebevoll gepflegte historische Herrensitze in Rinkerode, wie man sie häufig im Münsterland findet. Gräfte umgeben die malerischen Anwesen in Privatbesitz. Nur ein paar Schritte sind es von dort, und das ausgedehnte Wald- und Naturschutzgebiet »Die Davert« ist erreicht.

Haus Bisping (left) and Haus Borg, two lovingly tended historical mansions in Rinkerode, are typical of Münsterland . The picturesque privately owned estates are surrounded by moats. The extensive forest and nature reserve 'Die Davert' is only a few steps away.

La maison Bispin (à gauche) et la maison Borg, deux anciennes résidences seigneuriales de Rinkerode très bien entretenues comme on en trouve fréquemment dans le Münsterland. Des douves, appelées « Gräften » entourent ces propriétés privées pittoresques. Ce n'est qu'à quelques pas de là que l'on rejoint la vaste forêt et réserve naturelle le « Davert ».

Bei den Herzögen von Croy in Dülmen

At the Dukes of Croy in Dülmen / Chez les ducs de Croy à Dülmen

◀ ▶ In der Wildpferdebahn Merfelder Bruch findet am letzten Samstag im Mai alljährlich der traditionsreiche Wildpferdefang statt (links). Bereits um 1316 erwähnt, werden heute mehr als 300 freilebende Tiere – einzigartig in Europa – in dem rund 350 Hektar großen Gehege der Herzöge von Croy gehalten. Zur Fohlenzeit (April/Mai) besonders sehenswert!

At the wild horse enclosure at Merfelder Bruch, the traditional round-up takes place on the last Saturday in May (left). Already mentioned in records in around 1316, today the spacious 350-hectare enclosure of the Dukes of Croy is home to over 300 wild horses, an institution unique throughout Europe. Particularly fascinating during the foaling season (April/May)!

La très traditionnelle capture des chevaux de Przewalski (à gauche) a lieu tous les ans le dernier samedi de mai dans une aréné appelée la « Wildpferdebahn » à la réserve de la faille de Merfeld. Mentionnée déjà en 1316 dans les registres, ce parc naturel de 350 hectares accueille aujourd'hui plus de 300 animaux vivant en liberté dans les grands enclos des ducs de Croy. Ce haras est unique en Europe. La période du poulinage (avril/mai) est une période particulièrement attendrissante pour les visiteurs !

Zu Lüdinghausens Wasserburgen

Moated Castles at Lüdinghausen / Les « Wasserburgen » de Lüdinghausen

◀ **Burg Lüdinghausen** war jahrhundertelang Sitz des Domkapitels zu Münster und wurde nach einem Brand als Renaissancebau neu errichtet. Nach ihrer Renovierung im Jahr 2000 ist sie soziokulturelles Zentrum.

Lüdinghausen Castle was the seat of the Münster cathedral chapter, and was rebuilt in Renaissance style after a fire. After renovation in 2000 it is now a sociocultural center.

Le château fort de Lüdinghausen fut pendant des siècles le siège du Chapitre de la cathédrale de Münster et il fut reconstruit dans un style Renaissance après un incendie. Il est devenu un centre socioculturel après sa rénovation en l'an 2000.

▶ **Burg Vischering** in Lüdinghausen beherbergt das Münsterlandmuseum. Als mittelalterliche »Ringmauerburg« ist sie eine Rarität in Westfalen.

Vischering Castle in Lüdinghausen houses the Münsterland Museum. A medieval ring fort with castle, it is a rarity in Westphalia.

Le château fort de Vischering à Lüdinghausen héberge le Musée du Münsterland. Ce « château circulaire en pierres » médiéval est unique en Westphalie.

Zum »Westfälischen Versailles«

At 'Westphalia's Versailles'

Le « Versailles westphalien »

◀ Schloss Nordkirchen ist nicht nur die größte Wasserburganlage des Münsterlandes, sondern auch eine der prächtigsten. Das brachte ihr zu Recht den Beinamen »Westfälisches Versailles« ein. Nach 30 Jahren Bauzeit konnte Johann Conrad Schlaun den Barockbau vollenden. Die Innenräume zieren kunstvolle Stuckdecken und wertvolle Holzvertäfelungen.

Nordkirchen Castle is not only Münsterland's largest moated castle ensemble, but also one of its most magnificent, justifying the 'Westphalia's Versailles' nickname Johann Conrad Schlaun took 30 years to complete the Baroque building. The interiors have ornate stucco ceilings and beautiful wood panelling.

Le château de Nordkirchen n'est pas seulement le plus grand château fort entouré d'eau du Münsterland, mais il est aussi l'un des plus splendides ! On lui conféra à juste titre le nom de « Versailles westphalien ». Après 30 ans de période de construction, Johann Conrad Schlaun put achever la construction de ce bâtiment baroque. Les intérieurs sont ornés de plafonds en stuc artistiques et de boiseries précieuses.

Von imposanter Architektur

Imposing Architecture / Une imposante architecture

◀ **AM SCHLOSS NORDKIRCHEN** lädt der stilvolle Garten zur Erkundung ein. Barocke Statuen schmücken den nach französischem Vorbild gestalteten Park.

At Nordkirchen Castle, the elegant gardens are an inviting spot to explore. Baroque statues decorate the French-style park.

Au château de Nordkirchen, le parc agencé de façon très artistique invite à la contemplation. Des statues baroques décorent le parc aménagé sur le modèle des jardins paysagers français.

▶ **DIE STIFTSKIRCHE FRECKENHORST** wird auch »Münsterländer Bauerndom« genannt. Sie zählt zu den bedeutendsten romanischen Sakralbauten Westfalens. Ein Taufstein von 1129 ist erhalten.

Freckenhorst Monastery Church, known as 'Münsterländ's Peasant Cathedral,' is among Westphalia's most important Romanesque churches, with a baptismal stone from 1129.

L'église collégiale de Freckenhorst est aussi appelée la « cathédrale des paysans de Münsterland ». Elle fait partie des plus importantes constructions romanes sacrées de Westphalie. On y trouve encore les fonts baptismaux de 1129.

Von Frachtkähnen und Kirchenschiffen

From Canal Barges to Church Naves / Des barques de fret et des nefs d'église

◀ **Der Dortmund-Ems-Kanal** verbindet seit über 110 Jahren das Ruhrgebiet mit dem Seehafen Emden. Die wichtige Wasserstraße führt durch das Münsterland und Emsland bis nach Ostfriesland.

The Dortmund-Ems Canal has linked the Ruhr district to the sea-port of Emden for over 110 years. This major canal runs through Münsterland and Emsland as far as East Frisia.

Le canal Dortmund-Ems relie la Ruhr au port maritime d'Emden depuis plus de 110 ans La grande voie navigable mène jusqu'au pays frison en passant par le Münsterland et l'Emsland.

▶ **Die Martinuskirche** von Nottuln besteht aus Baumberger Sandstein, dem »Marmor des Münsterlandes«, und ist eine spätgotische Hallenkirche mit barocker Turmhaube.

St Martin's Church of Nottuln built from Baumberg sandstone, 'Münsterland marble,' is a Late Gothic nave church with Baroque cupola.

L'église Saint-Martin de la ville de Nottuln en grès de Baumberge, « le marbre du Münsterland », est une église-halle de style gothique flamboyant avec un toit baroque.

Wo die Stever ihren Lauf

Along the Stever / Là où la Stever prend son cours

◀ **Die »Steveraue Olfen«** bildet eine über 80 Hektar große, liebliche Auenlandschaft, in der Flora und Fauna auf geführten Wanderungen entdeckt werden können.

The 'Steveraue Olfen' are delightful water-meadows extending over 80 hectares, in which guided tours offer the chance to learn about the flora and fauna.

Le « Steveraue Olfen » forme un paysage de plaines alluviales de plus de 80 hectares de superficie, où l'on découvre la flore et la faune au gré d'une randonnée.

▶ **Munter plätschert die Stever** bei Senden über eine Gefällstufe. Sie entspringt unweit von hier bei Nottuln und speist bei Haltern den herrlichen Halterner Stausee.

The River Stever splashes merrily over a water ladder near Senden. Its source is at nearby Nottuln, and at Haltern it flows into the beautiful Halterner Stausee reservoir.

La Stever clapote plus vivement près de Senden à la rencontre d'une marche. Elle jaillit non loin de là près de Nottuln et alimente le magnifique Helterher Stausee.

Baukunst zum Leben und Arbeiten

Architecture for Living and Working / Une architecture pour vivre et travailler

◀ **Schloss Cappenberg bei Selm**, einst Ruhesitz des Freiherrn vom Stein, wurde 1708 als dreiflügelige Barockanlage erbaut. Ein Museum für Kunst- und Kulturgeschichte hat hier sein stilvolles Domizil.

Cappenberg Castle near Selm, once the retirement home of Freiherr vom Stein, was built in 1708 as a three-wing Baroque mansion. Today the elegant building houses a museum of art and cultural history.

Le château Cappenberg à Selm, fut autrefois la résidence de plaisance du Baron von Stein. Elle est une construction baroque de 1708 avec trois corps de bâtiments. Un musée d'art et des civilisations a trouvé ici domicile dans un cadre stylé.

▶ **Die Ostmühle in Gildehaus** (Bad Bentheim) nahe der Grenze vermittelt holländisches Flair. 1750 errichtet, wurde sie liebevoll restauriert.

The Ostmühle mill at Gildehaus (Bad Bentheim) near the border has typical Dutch charm. Built in 1750, it has been carefully restored.

Le moulin Ostmühle situé à Gildehaus (Bad Bentheim) près de la frontière confère un charme bien hollandais. Édifié en 1750, il fut restauré avec soin.

Gartenkunst und Ackerland

Horticulture and Agriculture/Un pays d'art botanique et de terres agricoles

◀ IM »ROSENDORF SEPPENRADE« findet alljährlich das Rosenfest statt. Über 600 Arten verströmen dann ihren Duft. Im Ortskern steht ein Abguss des größten Ammoniten der Welt, der hier 1895 gefunden wurde.

The 'Rose Village of Seppenrade' holds an annual rose festival where over 600 varieties perfume the air. At the village center stands a cast of the world's largest ammonite, found here in 1895.

La fête des roses a lieu tous les ans dans le « village des roses Seppenrade ». Plus de 600 espèces diffusent alors leur parfum. Un moulage de la plus grande ammonite du monde se trouve dans la commune ; il fut trouvé ici en 1895.

▶ BÄUERLICH KULTIVIERTE NATUR mit Feldern und Wiesen, Hecken und Baumreihen ist typisch für die »Parklandschaft Münsterland«.

Here nature has been cultivated, with fields and meadows, hedges and lines of trees – characteristic of 'the parkland of Münsterland.'

Une nature rurale entretenue, mosaïque de champs et de prairies, de haies et de rangées d'arbres caractérise le « paysage de parc du Münsterland ».

Bei Borken ins Mittelalter

Medieval Borken / Aux alentours de Borken

▶ **Burg Gemen** vereint mehrere Baustile. Ältester Teil ist der Bergfried von 1280, barocke Elemente weist das Herrenhaus von 1411 auf. Schmale Brücken überwinden die breite Gräfte. Das Bistum Münster unterhält in der Burg eine Jugendbildungsstätte. Frei zugänglich ist der große Schlosspark mit schönem alten Baumbestand.

Gemen Castle combines various architectural styles. Its oldest part is the keep dating from 1280, while the living quarters were built in 1411 but feature Baroque elements. Narrow bridges span the broad moat. The castle is home to a youth education center run by the Bishopric of Münster. The extensive castle grounds with venerable trees are open to the public.

Le château de Gemen rassemble plusieurs styles de construction de différentes époques. Le donjon datant de 1280 en est la plus ancienne partie. La demeure seigneuriale de 1411 comprend des éléments baroque. D'étroits ponts-levis enjambent les douves. L'évêché de Münster a placé un centre de formation pour la jeunesse au sein du château. Le grand parc du château peuplé d'arbres anciens est libre d'accès au public.

Orte der Muße – in Stadt und Land

Places of Leisure – in Town and Country / Des lieux d'oisiveté – à la ville et à la campagne

◀ **Bocholt**, die Stadt an der Aa, ist modern und ländlich-gemütlich zugleich. Ein Platz der Entspannung findet sich vor dem wunderschönen historischen Rathaus, 1618–24 im Stil der niederländischen Renaissance erbaut.

Bocholt, on the River Aa, is a town of today with an easy-going, country pace of life. The square in front of the beautiful old town hall, built in 1618–24 in Dutch Renaissance style, is the perfect place to watch life go by.

Bocholt, la ville au bord de l'Aa, est moderne et en même temps rurale et agréable. Une place invitant à la détente est située devant le magnifique Hôtel de ville historique, édifié entre 1618 et 1624 dans le style de la Renaissance néerlandaise.

▶ **Malerische Landschaften** – Stille wird spürbar, die Unrast verfliegt. Blick bei Nottuln, am Rande der Baumberge.

Picturesque landscapes – Tranquillity holds sway, restlessness abates. View near Nottuln, on the fringe of Baumberge hills.

Des paysages pittoresques – le silence devient perceptible, l'agitation se dissipe. Vue prise de Nottuln, à la limite des Baumberge.

Rund um Haltern

At Haltern / Aux environs d'Haltern

◀ **Schloss Sythen**, ein restauriertes Wasserschloss aus dem 17. Jahrhundert, mit sehenswertem Torhaus und Kapelle.

Sythen Castle, a restored 17th-century moated castle with attractive gatehouse and chapel.

Le château Sythen est un château entouré d'eau restauré datant du 17e siècle, avec un châtelet d'entrée et une chapelle qui méritent d'être vues.

▶ **Der Halterner Stausee** wurde zur Wassergewinnung angelegt. Längst ist er ein Wassersportparadies.

The reservoir of Halterner Stausee has long become a paradise for water sports.

Le lac de retenue d'Haltern depuis longtemps est devenu un paradis pour les férus de sports nautiques.

▶ **Das Römermuseum** dokumentiert die Zeit der Römer in Westfalen; hier Statuen der Familie Kaisers Augustus.

The Roman Museum documents the Roman era in Westphalia; shown are statues of the family of Emperor Augustus.

Le Musée des Romains documente l'ère romaine en Westphalie ; ici ce sont des statues de la famille de l'Empereur Auguste.

Bei Isselburg

At Isselburg / Près d'Isselburg

◀ **Schloss Anholt** – märchenhaft im niederländischen Barockstil. Als eine der größten Wasserburgen des Münsterlandes wurde sie auf zwei Inseln errichtet, die durch Brücken verbunden sind. Das Museum eröffnet einen Blick in Hofküche und Waffenkammer, zeigt neben anderem Porzellan- und Münzsammlungen. Sehenswert sind auch die Barockgärten und der große Park.

Anholt Castle – an enchanting example of Dutch Baroque. Among Münsterland's largest moated castles, it was built on two islands connected by bridges. Its museum gives glimpses into the court kitchen and the armory and includes collections of porcelain and coins. The Baroque gardens and the large park are beautiful.

Le château fort d'Anholt – féérique dans un style baroque néerlandais. Il est l'un des plus grands châteaux entourés d'eau du Münsterland et fut construit sur deux îles reliées entre elles par des ponts-levis. Le musée ouvre un regard sur la cuisine de cour et l'arsenal, il présente entre autres de la porcelaine et des collections de pièces de monnaie. Les jardins baroques et le grand parc sont magnifiques.

Hohe Mark

Hohe Mark Nature Park

Dans le parc naturel du Hohe Mark

◀ ▶ Der Naturpark Hohe Mark umfasst unter anderem die Wälder der Haard und der Hohen Mark. Sie bilden am Südrand des Münsterlands die größten zusammenhängenden Waldgebiete. In der Haard erwartet den Wanderer oder Radler am »Köhlerplatz« eine urige Meilerhütte (links). Der Blick vom Feuerwachtturm über die Baumwipfel der Hohen Mark scheint unbegrenzt.

Hohe Mark Nature Park includes the forests of the Haard and Hohe Mark, the largest continuous forested areas on the southern edge of Münsterland. In the Haard, a quaint charcoal burner's hut (left) awaits discovery by hikers or cyclists. The panorama from the fire watch tower over the treetops of Hohe Mark seems to be never-ending.

Le parc naturel du Hohe Mark englobe entre autres les forêts de la Haard et du Hohe Mark. Situées à la frontière septentrionale du Münsterland, elles constituent le plus grand ensemble boisé de la région. Dans l'Haard, un refuge-étape (à gauche) attend le randonneur ou le cycliste à la « place du charbonnier ». La vue de la tourelle de contrôle anti-incendie au-dessus des cimes des arbres du Hohe Mark semble être illimitée.

Wohnstatt und Landschaft verschmelzen zur Einheit

Living and Landscape Blend Into One / La ville et les paysages se confondent

◀ **Schloss Raesfeld** mit Schlossfreiheit und Tiergarten gilt als eine der schönsten Schlossanlagen Westfalens. In der 1658 fertiggestellten Anlage residierte der »Westfälische Wallenstein«, Reichsgraf Alexander II. von Velen.

Raesfeld Castle, with its zoo and small tenants' settlement, is considered to be one of Westphalia's most beautiful castles. Completed in 1658, it was home to the 'Wallenstein of Westphalia,' Reichsgraf Alexander II of Velen.

Le château Raesfeld avec ses dépendances comme les petites maisons d'habitation appelées la « Freiheit » (liberté) et le « Tiergarten » (zoo) est considéré comme l'un des plus beaux parcs de château de Westphalie. Le « Wallenstein westphalien », le Comte Impérial Alexandre II von Velen, résida dans ce domaine dont la construction fut achevée en 1658.

▶ **Stilvolle Höfe** in traditionellem Fachwerk sind typisch für das Münsterland, wie hier bei Seppenrade.

Attractive farmhouses in traditional half-timbering like this one at Seppenrade are typical of Münsterland.

De belles fermes aux traditionnels colombages sont typiques du Münsterland, comme à Seppenrade.

Das Schmuckstück von Dorsten

Dorsten's Jewel / Le joyau de Dorsten

▸ **Schloss Lembeck:** Bereits im Jahr 1177 stößt man auf die Herren von Lembeck. Burghard von Westerholt erbaute später auf den Relikten von deren Burg das frühbarocke Wasserschloss, in dem sich heute auch ein Hotel-Restaurant befindet. Im Museum sollte man unbedingt den Schlaun'schen Festsaal ansehen, bevor im Anschluss der englische Park erkundet werden will.

Lembeck Castle: The Lords of Lembeck were mentioned as early as 1177. Burghard von Westerholt later built the early Baroque moated castle – today a hotel and restaurant - on the ruins of the lords' castle. In the museum, the ceremonial hall designed by Schlaun is a must for visitors before they explore the English-style parklands.

Le château Lembeck : l'existence des seigneurs de Lembeck est déjà évoquée dans les registres en 1177. Quelques années après, Burghard von Westerholt construisit sur les vestiges de ce château un château entouré d'eau de style néobaroque, où l'on trouve aujourd'hui un hôtel-restaurant. Dans le musée, il ne faut pas manquer de voir la salle des fêtes de Schlaun, avant de poursuivre la visite en direction du jardin anglais

Zum »Märchenschloss des Münsterlandes«

Münsterland's Fairy-Tale Castle / Au « château des contes de fée » du Münsterland

◀ **Wasserschloss Velen** verdankt seine berühmte Orangerie der Baukunst des Johann Conrad Schlaun. Auch der 2006 wiederhergestellte Tiergarten am »SportSchloss« entstand nach Plänen des Barockbaumeisters.

Velen Castle owes its famous Orangery to the genius of Johann Conrad Schlaun. The zoo at 'SportSchloss,' restored in 2006, was also created to plans of the Baroque architect.

Le château entouré d'eau de Velen doit sa célèbre Orangerie au maître d'œuvre westphalien du Baroque Johann Conrad Schlaun. Le Tiergarten (zoo) réintégré en 2006 au « SportSchloss » est aussi apparu sur les plans de l'architecte baroque.

▶ **Störche** sind im Münsterland heimisch. Die Renaturierung von Flussauen und Moorgebieten ermöglicht auch in Zukunft diesen prächtigen Anblick.

Storks are indigenous in the Münsterland region. As water-meadows and moorlands are restored, this magnificent sight will become more widespread.

Les cigognes sont acclimatées au Münsterland. La renaturation des plaines fluviales et des domaines marécageux rendra possible ce magnifique spectacle à l'avenir aussi.

Das Herz des Münsterlandes

The Heart of Münsterland / Le cœur du Münsterland

◂ **Blick auf Münster:** Gut zu erkennen der St. Paulus-Dom aus hellem Sandstein. Der Wochenmarkt am Domplatz gehört zu den schönsten überhaupt. Historische Gebäude entlang des Prinzipalmarktes entdeckt man nahe der Lambertikirche (rechts). Zu Füßen der mächtigen Überwasserkirche (links) findet in der Adventszeit der »Giebelhüskenmarkt« statt.

View over Münster: The light sandstone of St Paul's Cathedral is easily visible. The weekly market on Cathedral Square is among the finest anywhere. Near St Lambert's Church (right), historical buildings at Prinzipalmarkt await the explorer. The traditional 'Giebelhüskenmarkt' market is held during Advent at the foot of mighty Überwasserkirche Church (left).

Vue sur Münster : on reconnait bien la cathédrale en pierres de grès clair de St Paul. Le marché hebdomadaire sur la place de la cathédrale fait partie des plus beaux de toute la région. On découvre des bâtiments historiques en bordure de la place du Prinzipalmarkt (Marché principal) (à droite) près de l'église Saint-Lambert. Le marché « Giebelhüskenmarkt » a lieu à l'Avent au pied de la monumentale église Überwasserkirche (à gauche).

Münster – Zentrum von Landschaft und Menschen

Münster – Center of the Land and Its People
Münster – centre du paysage et des hommes

◀ **Der Prinzipalmarkt** mit reich verzierten Häusern und der Lambertikirche. Dort hängen noch die Käfige, in denen 1536 hingerichtete Wiedertäufer ausgestellt wurden.

The Prinzipalmarkt with richly ornamented buildings, and St Lambert's Church. Cages for the public display of Anabaptists executed in 1536 still hang on the tower.

La place du Prinzipalmarkt avec ses maisons richement décorées et l'église Saint-Lambert. On peut trouver là-bas encore des cages suspendues, dans lesquelles on exhiba en 1536 des anabaptistes qui avaient été torturés et exécutés.

▶ **Schloss Münster**, ein Hauptwerk des norddeutschen Barock, wirkt durch den Kontrast aus hellem Sandstein und rotem Backstein. Heute ist es Sitz der Universitätsverwaltung.

Schloss Münster, a major work of North German Baroque, effectively contrasts light sandstone and red brick. Today it is home to the university administration department

Le château de Münster, une œuvre majeure du style baroque nord-allemand, contraste dans le paysage avec ses pierres de grès clair et ses briques rouges. Aujourd'hui, c'est le siège de l'administration universitaire.

Münster – Stätten großer Geschichte

Great History in Münster / Münster – des sites hautement historiques

◀ **Das historische Rathaus** bot den repräsentativen Rahmen für den Westfälischen Frieden 1648. In dem gotischen Bogenhaus wurde der Spanisch-Niederländische Frieden besiegelt.

The historical city hall provided a prestigious setting for the Peace of Westphalia in 1648. This peace treaty between Spain and the Netherlands was sealed under its Gothic arched roof.

L'ancien Hôtel de Ville offrit un cadre représentatif pour la signature du traité de Paix de Westphalie en 1648. La paix entre l'Espagne et les Pays-Bas fut aussi scellée dans cette bâtisse aux ogives gothiques.

▶ **Der St. Paulus-Dom** – eindrucksvoll, monumental. Ein bedeutender Sandsteinbau romanisch-gotischen Stils mit wertvollem Interieur mitten im Herzen von Münster.

St. Paul's Cathedral – imposing, monumental. A major work of Romanesque Gothic architecture at the heart of Münster, crafted in sandstone with ornate interior.

La cathédrale de St Paul – impressionnante et monumentale. Une construction de grès imposante de style roman-gothique avec un intérieur précieux en plein cœur de Münster.

▶ **Das »Rüschhaus« bei Münster,** Domizil und »Schneckenhaus« der Dichterin Annette von Droste-Hülshoff (1797–1848).

'Rüschhaus' near Münster, the home and retreat of poetess Annette von Droste-Hülshoff (1797–1848).

La maison « Rüschhaus » prés de Münster, résidence et lieu de retraite de la poétesse Annette von Droste-Hülshoff (1797–1848).

Impressum

Der Autor: Uli Auffermann ist Autor zahlreicher Wanderführer, Journalist und Fotograf und lebt in Bochum. Er hat sich vor allem auf Naturräume des Alpengebiets spezialisiert, schätzt aber auch die Kulturlandschaften im nördlichen Teil Deutschlands.

Produktmanagement: Dr. Birgit Kneip
Englische Übersetzung: Alison Moffat, München
Französische Überetzung: Sandra Brandstetter, Bernau
Grafische Gestaltung: Medienfabrik GmbH , Stuttgart
Textlektorat: Thomas Theise, Regensburg
Kartografie: Thomas Vogelmann, Mannheim
Herstellung: Bettina Schippel
Repro: Cromika sas, Verona
Printed in Slovenia by Korotan, Ljubljana

Alle Angaben dieses Bandes wurden vom Autor sorgfältig recherchiert und vom Verlag auf Stimmigkeit und Aktualität geprüft. Allerdings kann keine Haftung für die Richtigkeit der Informationen übernommen werden. Für Hinweise und Anregungen sind wir dankbar.
Zuschriften an den:
Bruckmann Verlag, Produktmanagement,
Postfach 400209, 80702 München
E-Mail: lektorat@bruckmann.de

Bildnachweis

© AKG-Images GmbH, Berlin: Karte Vorsatz; LOOK-foto: Titelbild /Umschlag hinten (Wohner); S. 4, 22, 24, 25, 26, 50, 51, 55, 57, 76/77, 80, 82/83, 88, 90, 92 (Wohner); 40/41 (age fotostock); 46, 47, 54 (Merz), 70/71, 84 (TerraVista); 89 (Lubenow); 91 (Zielske); Lisa Eiling-Wilke: S 31; Fotolia (Kruse): 58; picture-alliance: S. 8, 86/87 (Häsler); 14, 32 oben, 32 unten, 33, 34, 35 (Ossinger); 30 (Vennenbernd); 42, 72 (Fischer); 69 (firo Sportfoto); 75 unten (Gambarini); 85 (Rolfes).
Alle anderen Bilder stammen von Uli Auffermann.

EinbandfotosVorne: Burg Anholt bei Isselburg, hinten: Schloss Lembeck (große); Bauerngarten (alle drei: Look-foto/Wohner); Prinzipalmarkt in Münster (Look-foto/Zielske)

Die Deutsche Nationalbibliothek verzeichnet diese Publikation in der Deutschen Nationalbibliografie; detaillierte bibliografische Daten sind im Internet über http://dnb-nb.de abrufbar.

ISBN 978-3-7654-4987-1

Almelo
Oldenzaal
Bad Bentheim
Gildehaus
Rheine
Deventer
Apeldoorn
Hengelo
Enschede
Ochtrup
Emsdetten
Burgsteinfurt
Steinfurt
Zutphen
NIEDERLANDE
Ahaus
Horstmar
Altenberge
Vreden
Legden
Arnheim
Münsterland
Doetichem
Winterswijk
Billerbeck
Havixbeck
Gescher
Baumberge
Coesfeld
Nottuln
Velen
Emmerich
Bocholt
Rhede
Borken
Merfelder Bruch
Senden
Nimwegen
Isselburg
Rhein
Bocholter Aa
Stever
Dülmen
Dortmund-Ems-
Kleve
Rees
Raesfeld
Sythen
Lüdinghausen
Halterner See
Kalkar
Hamminkeln
Haltern am See
Seppenrade
Olfen
Nordkirchen
Goch
Xanten
Wesel
Dorsten
Marl
Lippe
Cappenberg
Datteln
Recklinghausen
A50
A1
A18
A73
3
31
43
57
20 km